PAIDEIA
ÉDUCATION

VICTOR HUGO

Claude Gueux

Analyse littéraire

© Paideia éducation, 2020.

1 rue Honoré - 93500 Pantin.

ISBN 978-2-7593-0608-4

Dépôt légal : Juin 2020

Impression Books on Demand GmbH

In de Tarpen 42

22848 Norderstedt, Allemagne

SOMMAIRE

- Biographie de Victor Hugo.. 9

- Présentation de *Claude Gueux*.. 15

- Résumé du roman.. 19

- Les raisons du succès... 27

- Les thèmes principaux.. 35

- Étude du mouvement littéraire... 43

- Dans la même collection... 51

BIOGRAPHIE

VICTOR HUGO

Victor Hugo naît le 26 février 1802 à Besançon, d'un père républicain puis bonapartiste, et d'une mère royaliste. Il façonnera non seulement le paysage littéraire de son époque, mais sera aussi le témoin actif d'un siècle de troubles et de changements en France. Auteur engagé et personnalité politique, Victor Hugo se positionne notamment contre la peine de mort, en faveur du suffrage universel et pour la liberté de la presse. Son combat farouche pour les droits civils ainsi que ses convictions politiques font de lui une personnalité majeure du XIXe siècle. Sa vie sera marquée par les luttes, les exils et les deuils.

Aujourd'hui considéré comme l'un des plus importants écrivains de langue française, Hugo s'illustre à la fois en tant que poète lyrique (*Odes et Ballades*, 1826), engagé (*Les Châtiments*, 1853) ou épique (*La Légende des siècles*, 1859 et 1877), comme auteur de romans (*Notre-Dame de Paris*, 1831, *Les Misérables*, 1862), mais aussi au théâtre (*Hernani*, 1830, *Ruy Blas*, 1838). Victor Hugo montrera, tout au long de son œuvre, une volonté de défendre les plus faibles, un véritable engagement contre la pauvreté et la misère. Il réaffirmera, sa vie durant, son opposition farouche à la peine de mort, par le biais de ses écrits (*Le Dernier jour d'un condamné*, 1829, *Claude Gueux*, 1835) ou dans bon nombre de discours.

La jeunesse de l'auteur se passe entre voyages et lectures. Après des études brillantes au lycée Louis-le-Grand à Paris, Hugo s'engage dans la voie littéraire avec quelques premiers écrits remarqués, notamment *Bug-Jargal* en 1820 et *Han d'Islande* en 1823. En 1821, il se fiance à Adèle Foucher, son amie d'enfance. Ils se marient le 12 octobre 1822. Cinq enfants naîtront de cette union, mais le premier, Léopold, ne survivra pas. Les premières remises en question politiques de l'auteur lui valent l'interdiction de ses œuvres, comme *Marion de Lorme* en 1829, qui critique les représentants du pouvoir, ou *Le Roi s'amuse* en 1832, déclaré comme une offense à la royauté. Peu à peu, l'auteur va développer son penchant pour le romantisme, jusqu'à se positionner comme le chef de file de ce mouvement. En 1827, sa pièce de théâtre *Cromwell* se veut un manifeste du romantisme. En 1830, *Hernani* amorce la fameuse bataille des anciens et des modernes, qui opposera classiques et romantiques.

De 1830 à 1843, Victor Hugo entre dans une période de grande production littéraire. Avec la parution de *Notre-Dame de Paris* en 1831, il connaît un succès populaire et devient une figure majeure du genre romanesque. En 1833, lors des répétitions pour sa pièce *Lucrèce Borgia*, Victor Hugo fait la connaissance de Juliette Drouet, qui deviendra sa maîtresse et demeurera à ses côtés jusqu'à sa mort en 1853. En 1838, la pièce *Ruy Blas* est jouée pour la première fois au théâtre de la Renaissance. De plus en plus reconnu dans le paysage français, Victor Hugo est promu officier de la Légion d'honneur en 1837, et élu à l'Académie française en 1841.

Cette période prolifique est stoppée brutalement à la mort de Léopoldine, la fille de Victor Hugo, qui se noie dans la Seine avec son époux en 1843. Profondément marqué par cette perte, l'auteur cessera toute publication pendant près de dix ans.

À partir de 1848, l'engagement politique de l'auteur se renforce. Lors de la Révolution de février, il abandonne la monarchie pour se rallier à la République, et est élu député de Paris. Il prononce alors un discours où il réaffirme ses plus grandes convictions, notamment en faveur de la liberté de la presse et contre la peine de mort, mais aussi au sujet de l'éducation ou de l'Europe. Hugo apporte son soutien à Louis-Napoléon Bonaparte lorsqu'il se présente à la présidence de la république. En 1849, il est élu député de Paris à l'Assemblée législative. Le 2 décembre 1851, Victor Hugo tente en vain de s'opposer au coup d'État de Louis-Napoléon Bonaparte.

Il part alors en exil pour Bruxelles. S'ensuit une période de troubles durant laquelle l'auteur publie une série de textes de protestation contre le régime français et le « prince-président » Napoléon III. En 1852, il doit quitter Bruxelles après la publication de *Napoléon-le-Petit*, et s'installe avec sa famille à Jersey. Sa lettre dénonçant le rapprochement de la Reine Victoria avec Napoléon III lui vaut d'être expulsé à nouveau. Il s'établit à Guernesey.

En 1853 paraissent *Les Misérables*, qui placent à nouveau Victor Hugo en défenseur du peuple. Le roman connaît un grand succès. En 1866 sont publiés *Les Travailleurs de la mer*, un hommage à Guernesey, l'île refuge de l'auteur, et à ses habitants. En 1870, après la chute de l'empire et la proclamation de la république, Victor Hugo revient en France. Il est accueilli en héros et devient un symbole de la démocratie. L'activité littéraire de l'auteur se réduit, mais demeure présente, avec notamment la parution de *L'Année terrible* en 1872, de *Quatre-vingt-treize* en 1874 ou encore de *L'Art d'être grand-père* en 1877. Le 27 février 1881 est célébrée une grande fête populaire pour les quatre-vingts ans de l'auteur. Des centaines de milliers de personnes se déplacent pour lui rendre hommage.

Victor Hugo meurt le 22 mai 1885. Sa dépouille est transférée au Panthéon de Paris le 1er juin 1886, après des funérailles nationales.

PRÉSENTATION DE CLAUDE GUEUX

Claude Gueux est un court roman écrit en 1834 par Victor Hugo. En partie fondé sur un fait réel, le texte constitue un plaidoyer contre la peine de mort. Il dénonce aussi un système judiciaire inadéquat et des conditions de détention inadmissible. Victor Hugo tente, par ce texte, de réveiller les consciences et de mettre l'accent sur les manquements de la société envers le peuple.

Claude Gueux paraît dans *La Revue de Paris* le 6 juillet 1834, avant d'être édité en volume par l'éditeur Évréat. En 1835 paraît une autre édition, à Bruxelles, où le texte est associé avec celui du *Dernier jour d'un condamné*.

Le roman est inspiré à l'auteur par un fait divers lu dans *La Gazette des tribunaux* en 1832 : on y parlait d'un homme, nommé Claude Gueux et condamné à mort pour meurtre. Victor Hugo reprend les événements de ce fait réel dans les grandes lignes : l'emprisonnement de Claude pour vol, son influence sur les autres prisonniers, son amitié avec un autre détenu qui l'a poussé au meurtre d'un gardien. L'auteur apportera cependant à son personnage une grandeur d'âme et un sens moral propre à provoquer l'empathie du lecteur et à renforcer le sentiment d'injustice.

Claude Gueux se compose de deux parties : d'abord le récit de la vie de Claude, depuis son incarcération jusqu'au meurtre qu'il commet et son exécution. Vient ensuite un plaidoyer de l'auteur où il mène une réflexion sur le devoir de la société envers le peuple et sur sa part de responsabilité dans les crimes qui sont commis chaque jour.

Le roman, en nous décrivant Claude Gueux comme un homme admirable, poussé dans ses derniers retranchements, fait tout pour attirer la sympathie du lecteur sur ce personnage. Claude Gueux est un homme intelligent, raisonnable, courageux, mais se heurte à une société déshumanisée et cruelle, contre laquelle il est impuissant. Claude Gueux est un individu moral placé devant un système immoral. Le roman se termine par des questions adressées directement au lecteur et invitant à le faire réfléchir sur le vrai coupable de cette histoire. Claude Gueux est vu comme le fruit d'une société défaillante, c'est la société et l'État qui ont fait de lui ce qu'il est, en refusant de prendre soin de son peuple. Le roman est le récit de deux condamnations à mort : celle de Claude Gueux envers M.D, et celle de l'état envers Claude Gueux. Les deux sont aussi barbares, mais l'une est considérée comme un crime, l'autre comme une application de la loi et de la Justice.

Victor Hugo montre dans Claude Gueux son engagement en faveur des oubliés de la société, les plus faibles, les plus pauvres et les plus opprimés. Dans la dernière partie de son roman, il demande à ce qu'on élimine les causes qui font des hommes des criminels. Il affirme la nécessité d'une société qui vient en aide aux démunis, à une meilleure justice sociale et à la nécessité de développer l'éducation du peuple.

RÉSUMÉ DU ROMAN

Première partie

Claude Gueux est un ouvrier pauvre qui vit à Paris avec sa maîtresse et sa fille. C'est un homme sans éducation, mais intelligent. Un hiver que le travail manque, Claude Gueux se voit forcé de voler pour nourrir sa famille. Il est condamné à cinq ans de prison. Claude fait son temps à la prison centrale de Clairvaux. Il passe ses journées à l'atelier et ses nuits au cachot. C'est un homme digne et travailleur, qui parle peu.

Le directeur des ateliers est un homme autoritaire, tyrannique. C'est aussi un homme obstiné qui refuse de voir quand il est dans l'erreur. À l'arrivée de Claude Gueux à Clairvaux, le directeur d'atelier voit en lui un bon ouvrier et le traite bien. En voyant Claude toujours triste en pensant à ce qu'a pu devenir sa femme, le directeur lui apprend qu'elle est devenue fille publique. Personne ne sait ce qu'il est advenu de l'enfant. À mesure que le temps passe, Claude prend un certain ascendant sur les autres prisonniers, qui l'admirent et l'écoutent. Son intelligence attire les détenus comme un aimant. Aimé par les prisonniers, Claude en devient détesté des geôliers.

Gros mangeur par nature, Claude a constamment faim, mais ne se plaint jamais. Un jour, un prisonnier vient le voir et lui demande de l'aider à manger sa ration de pain, prétendant que c'est trop pour lui. Le prisonnier s'appelle Albin, il est, lui aussi, en prison pour avoir volé. À partir de ce moment, Albin partage sa ration avec Claude tous les jours. Claude Gueux a trente-six ans et fait plus vieux tant il a la mine sévère. Albin a vingt ans, mais il fait plus jeune, car il y a de l'innocence dans son regard. Une amitié se noue entre les deux hommes, une relation de père à fils.

Le directeur d'atelier sollicite souvent l'aide de Claude Gueux pour se faire obéir des prisonniers. Jaloux de l'autorité naturelle de Claude, le directeur en vient à le haïr. Un jour, le directeur d'atelier fait demander Albin. En ne voyant pas revenir son ami, Claude demande au guichetier où il se trouve. On lui apprend alors qu'Albin a été changé de quartier, sous les ordres du directeur M.D. Le lendemain, Claude Gueux s'adresse au directeur et lui affirme qu'il a besoin d'Albin pour vivre, car le jeune homme partageait sa ration de pain avec lui. Il demande s'il est possible de faire revenir Albin, mais le directeur refuse. Claude Gueux reprend son existence à la prison sans rien montrer à personne de sa solitude ou de la faim qui le tenaille. Lorsque certains prisonniers proposent de partager leur pain avec lui, il refuse en souriant. Depuis le départ de son ami, tous les soirs lorsque le directeur passe vérifier le travail des ouvriers, Claude le regarde fixement et lui pose cette simple question : Et Albin ? Le directeur d'atelier se contente de l'ignorer.

Le temps passe et la ténacité de Claude Gueux continue de se heurter à l'obstination du directeur. Tous les autres prisonniers sentent que quelque chose se prépare. Un jour qu'il est assis sur une pierre depuis plusieurs heures, un prisonnier lui demande ce qu'il fait et il répond : Je juge quelqu'un.

Le soir du 25 octobre 1831, Claude Gueux attire l'attention du directeur et lui annonce qu'il doit lui rendre son compagnon, qu'il a jusqu'au 4 novembre pour le faire. Lorsque, le lendemain, l'un des prisonniers remarque qu'il a l'air triste, Claude Gueux répond qu'il craint qu'il n'arrive bientôt malheur au directeur M.D. Claude Gueux passe les neuf jours qui le séparent de la date du 4 novembre à plaider auprès du directeur pour le retour d'Albin. Il n'obtient rien de M.D, à part vingt-quatre heures de cachot. Le jour du 4 novembre arrive finalement. Plus serein qu'il ne l'a été depuis le départ d'Albin, Claude se lève et récupère dans ses affaires les ciseaux de couturière qu'il tient de sa femme.

Après avoir travaillé avec ardeur toute la matinée, Claude Gueux se rend à l'atelier des menuisiers et demande à ce qu'on lui prête une hache. Lorsqu'on lui demande pour quoi faire, il répond que c'est pour tuer le directeur des ateliers. Il choisit une hache parmi celles qu'on lui propose et la cache dans son pantalon. Il n'a demandé à aucun des vingt-sept prisonniers présents de garder le secret, mais aucun n'a parlé.

Le soir vient. Une fois enfermé dans l'atelier en attendant l'arrivée du directeur, Claude monte sur son banc et fait une annonce aux quatre-vingt-deux autres prisonniers. Il explique les liens qui l'unissent à Albin, et le fait que le directeur les ait séparés par simple méchanceté, alors que cela ne lui apportait rien. Claude a eu beau lui demander jour après jour de laisser revenir son ami, le directeur n'a fait que refuser obstinément. Alors Claude l'a jugé pour son comportement, et l'a condamné à mort. Il demande aux autres prisonniers s'ils ont quelque chose à redire à cela. Aucun ne parle. Avec éloquence, Claude explique ses arguments. Il se trouve dans une impasse et n'a d'autre choix que de recourir à un acte extrême. Il sait qu'il donne sa propre vie en même temps qu'il prend celle du directeur, mais il pense qu'il est louable de mourir pour une cause juste. Qu'il a mûrement réfléchi à sa décision, mais que, si quelqu'un parmi les prisonniers a une objection, il est prêt à l'écouter.

Un seul prisonnier prend la parole, pour suggérer à Claude de tenter une dernière fois de faire fléchir le directeur avant de le tuer. Claude accepte. Une fois son jugement accepté par ses compagnons, Claude distribue aux prisonniers qu'il apprécie le plus les quelques vêtements qu'il possède. Il ne garde que la paire de ciseaux. L'heure suivante se passe dans la légèreté et la sérénité. Claude fait ses adieux, embrasse ses camarades. Il est neuf heures, le directeur fait enfin irruption dans l'atelier. Il commence à vérifier le travail des prisonniers sans remarquer leurs visages fixes, dans l'attente de ce qui doit se produire. Le directeur entend soudain un pas derrière lui et se retourne, pour se retrouver face à Claude Gueux. Ce dernier plaide une dernière fois pour le retour de son ami. Il se lance dans un discours plein d'éloquence, dit au directeur que cela ne lui ferait rien d'accepter de lui rendre Albin, et que ce serait tout pour lui. Il supplie M.D. d'accéder à sa demande. Mais le directeur reste sourd à son plaidoyer et lui demande de ne plus en reparler. Alors, au moment où le directeur s'apprête à quitter l'atelier, Claude Gueux lève sa hache et lui en assène trois coups, lui ouvrant le crâne.

Une fois le meurtre perpétré, Claude sort sa paire de ciseaux et se poignarde avec, plus de vingt fois, cherchant à se transpercer le cœur. Puis il s'évanouit dans une mare de sang.

Claude Gueux se réveille dans un lit avec auprès de lui des religieuses qui le soignent et un juge d'instruction. On lui explique qu'aucune des blessures qu'il s'est infligées n'était mortelle. On l'interroge, on lui demande s'il a tué le directeur d'atelier, il répond que oui. Pendant quatre mois, Claude Gueux reste à l'infirmerie. Pendant que les médecins soignent ses blessures, les juges préparent sa sentence.

Le 16 mars 1832, Claude Gueux paraît devant la cour d'assises de Troyes. On fait venir les prisonniers témoins du meurtre, mais aucun n'accepte de témoigner contre Claude, malgré les menaces du juge. C'est seulement lorsque Claude leur demande de faire leur déposition qu'ils commencent à parler. Puis on fait entrer Albin, qui se jette dans les bras de Claude en sanglotant. Les avocats des deux parties plaident chacun leur tour. Puis Claude se lève et commence à raconter sa version des faits. Son éloquence, son assurance et sa présence provoquent l'étonnement de toutes les personnes présentes. Il ne perd son calme qu'une fois, lorsque le juge décrète qu'il a tué le directeur sans provocation de sa part.

Il s'indigne de la manière dont il a été torturé jour après jour par le directeur. À la fin du procès, on détermine que Claude Gueux est un monstre qui a volé, puis tué. Après un quart d'heure de délibération, les jurés déclarent Claude coupable et le condamnent à mort. Claude accueille la nouvelle avec calme, regrettant seulement que personne ne se soit posé la question de savoir pourquoi il a volé, pourquoi il a tué.

Claude Gueux retourne en prison. Une religieuse le supplie de se pourvoir en cassation, ce qu'il finit par faire. La sœur, en larmes, lui offre cinq francs. Des détenus lui proposent de l'aider à s'évader, mais il refuse. On jette dans son cachot les outils nécessaires à limer ses fers, il les remet tous au guichetier.

Le 8 juin 1832, le greffier du tribunal vient lui annoncer que son pourvoi a été rejeté, et qu'il n'a plus qu'une heure à vivre. Le prêtre vient le voir, suivi du bourreau. Claude se prépare sereinement à son exécution. Il lègue la paire de ciseaux qu'il tient de sa femme à Albin, et demande à garder dans sa main la pièce de cinq francs offerte par la religieuse. L'heure de l'exécution arrive, Claude Gueux sort et se dirige vers l'échafaud, les yeux fixés sur le crucifix du prêtre qui marche devant lui. Claude embrasse le prêtre et le bourreau, donne à ce dernier sa pièce de cinq francs, « pour les pauvres ». Lorsque sonne huit heures, Claude Gueux est décapité.

Deuxième partie

Le narrateur intervient et explique son objectif en racontant cette histoire, celui de résoudre ce qui est pour lui le plus grand problème du peuple au XIXe siècle. Claude Gueux était un homme exceptionnel, les crimes qu'il a commis ont été provoqués par la société, qui l'a poussé à voler, puis à tuer.

Le narrateur affirme le rôle de la société de soutenir le peuple, de faire pour l'individu autant que la nature.

À côté de la question du rôle que doit jouer la société pour l'individu, et de celle de la peine de mort, toutes celles dont se préoccupent le gouvernement semblent triviales. Les souffrances du peuple doivent être prises en compte et il faut lui venir en aide, au risque qu'il sombre dans le crime. Le narrateur appelle à une refondation des lois et du système judiciaire. Il demande des écoles pour les enfants et des ateliers pour les hommes. L'éducation est l'un des remèdes au mal qui ronge la société.

Le narrateur évoque aussi l'importance de l'éducation religieuse, qui sert à rééquilibrer la balance. La partie la plus pauvre de la population, dont le destin est de travailler dur toute sa vie, sera moins malheureuse si elle abrite l'espoir d'un au-delà heureux.

LES RAISONS
DU SUCCÈS

Le XIXᵉ siècle est principalement marqué par le mouvement romantique, dont Hugo est l'un des premiers représentants. Apparu en 1820, il marque alors une rupture avec le classicisme. Le mouvement, qui prône une littérature centrée sur les sentiments des personnages et leurs états d'âme, est notamment soutenu par Chateaubriand (1768-1848), qui fait figure de précurseur avec ses *Mémoires d'outre-tombe*, publiées en 1850. Lamartine (1790-1869) lancera le mouvement romantique en France à proprement parler grâce à ses *Méditations poétiques*, publiées en 1820. On peut aussi citer Musset (1810-1857) avec ses *Confessions d'un enfant du siècle*, parues en 1836, Alfred de Vigny (1797-1863) et *Cinq mars* (1826) ou Alexandre Dumas avec *Christine*.

En 1830 apparaît le mouvement réaliste. L'un des meilleurs représentants de ce courant fut Honoré de Balzac. En effet, avec son œuvre *La Comédie humaine*, composée de textes écrits entre 1829 et 1850, l'auteur effectue une observation du réel même dans ce qu'il a de plus vulgaire, et s'attache à décrire très précisément toutes les classes de la société du XIXᵉ siècle. Le réalisme encourage ainsi une littérature pensée comme une reproduction la plus fidèle possible de la réalité. Le romancier se rapproche alors du savant menant des observations. Le réalisme a pour habitude de traiter des mœurs d'une époque ou d'un milieu, tout en faisant le parallèle avec le contexte historique et politique. Les auteurs appartenant à ce mouvement consacrent ainsi beaucoup d'importance à la documentation, tirant parfois leurs intrigues de faits réels. Parmi les représentants du réalisme, on peut citer Flaubert (1821-1880), Stendhal (1783-1842) ou encore Guy de Maupassant (1850-1893).

Paru en 1834, *Claude Gueux* est à la frontière entre ces deux mouvements. En effet, de par son inspiration, à partir d'un fait divers, il correspond au mouvement réaliste. Claude

Gueux a vraiment existé, Victor Hugo s'est renseigné sur son parcours et a repris les grandes lignes de son histoire dans son roman. L'auteur insiste d'ailleurs plusieurs fois sur la véracité de son récit et sur son intention de décrire les faits comme ils se sont produits pour ensuite laisser le lecteur se faire son propre jugement. « Je dis les choses comme elles sont, laissant le lecteur ramasser les moralités à mesure que les faits les sèment sur leur chemin. » Hugo introduit son roman par cette phrase : « Voici des faits qui m'ont été rapportés par un témoin digne de foi. » En outre, à la fin de son récit, Victor Hugo accuse la société d'être responsable de ce qu'est devenu Claude Gueux, un voleur puis un tueur. Il suggère par là que Claude Gueux n'est que le produit du milieu dans lequel il est né. Hugo dénonce la misère des classes inférieures, desquelles il fait un portrait sans concession. En établissant un lien avec le milieu d'un individu et son caractère, son comportement, Victor Hugo s'inscrit dans les préoccupations réalistes.

Cependant, pour plusieurs raisons, *Claude Gueux* ne peut être qualifié de roman réaliste à proprement parler. Il correspond plus clairement au mouvement romantique. Le rapport à la réalité du récit, d'abord, n'est que de façade. Si Claude Gueux a vraiment existé, et s'il a bien été condamné à mort pour avoir tué son directeur d'atelier, le détail des faits comporte plusieurs différences avec le roman. Le vrai Claude Gueux était un voleur récidiviste, il avait aussi déjà tenté de tuer l'un de ses gardiens. Son ami Albin a vraiment existé, mais Claude Gueux a fait son possible pour l'entraîner avec lui sur l'échafaud en soutenant qu'il avait été complice du meurtre. La personnalité de Claude Gueux était donc bien plus complexe que Hugo ne la dépeint. L'auteur tient à faire de son personnage un véritable héros romantique, et à transformer l'histoire de sa vie en un drame poignant. L'objectif de Hugo est de créer un élan de sympathie envers son personnage, pour mieux faire passer son message engagé. Ainsi, Claude Gueux est élevé au rang de figure tragique, accablée par le destin malgré sa grandeur d'âme. Bien que prisonnier et criminel, Claude Gueux est un personnage positif, auquel le lecteur doit s'attacher. On doit pouvoir comprendre les raisons de son acte et éprouver de la compassion. Le rôle du personnage de Victor Hugo est de susciter l'émotion.

L'intrigue elle-même reflète ce désir d'accrocher le lecteur, par son aspect très dramatisé qui joue sur les effets d'annonce. Le récit subit une montée progressive en tension, *Claude Gueux* participe de l'effet d'attente en prophétisant le dénouement inexorable de cette histoire avec des phrases annonciatrices comme « Je juge quelqu'un », ou « Je crains qu'il n'arrive bientôt quelque malheur à ce bon M.D. » La tentative de suicide de Claude Gueux, avec les ciseaux qu'il tient de sa femme, apporte une autre touche de romantisme. Le sens moral du personnage est tel que, après avoir jugé le directeur M.D. et l'avoir condamné à mort, il n'a d'autre choix que de se condamner lui-même pour son acte.

Ainsi, si Victor Hugo emprunte aux mécanismes du réalisme, ce n'est que pour mieux construire son personnage romantique, un homme exceptionnel, brisé par le destin et par la société, et faire passer son message polémique.

À sa publication en 1834, *Claude Gueux* ne rencontra que très peu de succès. La dénonciation de la peine de mort est un sujet délicat, que peu vont reprendre. Au XIXe siècle, la peine capitale est une loi profondément ancrée dans les mœurs. Ceux qui la dénoncent ne peuvent qu'être mal vus. Les efforts de Hugo pour persuader ses lecteurs et son appel à une réforme de la Justice, de l'éducation et de la société en général, sont un échec.

Claude Gueux parvient cependant à convaincre quelques

lecteurs, comme le négociant dunkerquois Charles Carlier. En effet, le 30 juillet 1834, ce dernier envoya une lettre à *La Revue de Paris*, qui venait de publier le roman de Victor Hugo, pour demander à ce que soit imprimé, à ses frais, « autant d'exemplaires qu'il y a de députés en France et de le leur adresser individuellement et bien exactement ». C'est en grande partie grâce à cette initiative que *Claude Gueux* devint un roman, plutôt que de rester confiné aux pages d'un journal. La lettre de Charles Carlier fut placée en introduction de toutes les éditions de *Claude Gueux*.

Le Figaro du 27 août 1834 évoqua cette demande du négociant, pour s'en moquer : « J'ai bien reçu *Claude Gueux*, les douze barils de beurre fort, les cuirs tannés ; mais j'ai cherché la chose philosophique qui s'y trouve. […] Cette chose philosophique aurait-elle pu s'égarer dans la paille ? » On voit par là le peu d'estime qu'avaient les journalistes pour le roman engagé de Victor Hugo au moment de sa sortie.

Le roman demeura longtemps méprisé et critiqué, comme le prouve un article paru dans le journal Le Français en janvier 1877, et qui revient sur Claude Gueux pour le critiquer vivement. L'article, signé Bernardille commence par réfuter le plaidoyer contre la peine de mort : « Mais on peut fermer les yeux sur ces tâches, en considération de la grande thèse que plaide M. Victor Hugo : la réhabilitation du voleur et de l'assassin, l'abolition de la peine de mort, – entendons-nous, – de la peine de mort appliquée aux Claude Gueux, mais non de la peine de mort appliquée par les Claude Gueux à leurs gardiens et à tous les représentants de l'autorité qui les gênent et les molestent. Distinction essentielle ! Les jurés et le tribunal qui ont condamné à mort l'assassin Claude Gueux ont commis un acte monstrueux, injuste, abominable, immoral ; mais l'assassin Claude Gueux, qui, dans le tribunal de son for intérieur, a jugé et condamné son gardien avant de l'exécuter, a fait bonne justice. Telle est la théorie ; jamais elle ne s'est affichée avec une solennité plus naïve. » Le journaliste enchaîne en dénonçant le fait que l'histoire racontée par Hugo soit très loin de la vérité, contrairement à ce qu'il affirme dans son roman : « Claude Gueux, pauvre ouvrier vivant à Paris, a volé pour nourrir sa maîtresse et son enfant, nous apprend M. Hugo – Claude Gueux, berger dans une commune de la Côte-d'Or, n'avait ni maîtresse ni enfant, et il vola son maître sans aucun prétexte, répond l'Histoire. Après un premier vol et une première condamnation, il recommença et fut envoyé pour la seconde fois à Clairvaux. C'était donc un voleur incorrigible et un cheval de retour. M. Hugo avait totalement négligé de nous l'apprendre. » Dans une nette tentative pour décrédibiliser le roman de Hugo et le message qu'il porte, le journaliste termine sa critique en ces termes : « Le génie a bien des droits, mais a-t-il le droit de… se tromper aussi complètement en si grave matière, quand chaque détail a la prétention d'être un argument, et quand il a promis de dire les choses "comme elles sont" ? »

Il faut attendre bien plus tard pour que l'opinion publique accepte de se pencher sur le roman polémique de Victor Hugo, et d'en reprendre les idées. Ainsi, la représentation sur scène, au théâtre de Paris, de *Claude Gueux*, est l'occasion d'un article élogieux paru dans *Le Petit parisien*. L'article est daté du 4 mars 1884, un an avant la mort de Hugo. Cette fois, le *Claude Gueux* de Victor Hugo est décrit en des termes élogieux : « Un théâtre de Paris vient de représenter avec succès un drame tiré de l'œuvre de Victor Hugo intitulée *Claude Gueux*. Qui ne l'a lue, cette œuvre poignante et terrible, et qui n'a été, en la lisant, saisi d'un frisson de pitié ? On sait quel était le but de l'illustre poète en l'écrivant : la suppression de la peine de mort. » Il n'est plus question de souligner les différences avec le caractère du vrai Claude Gueux, au contraire, on s'attache à montrer la ressemblance entre le personnage fictif et l'individu qui l'a inspiré, ajoutant des détails propres à renforcer l'empathie envers le personnage : « Ainsi donc, Claude Gueux, qui, la première fois, avait volé pour donner à manger à sa maîtresse et à son enfant, a volé une seconde fois poussé par l'amour filial ! Et la chose n'est pas discutable : "La tendresse de Claude Gueux pour son père", est-il dit dans un recours en grâce adressé au roi par les jurés, "a intéressé en sa faveur tous ceux qui l'ont approché." » Et le rédacteur conclut son article ainsi : « Cela, Victor Hugo l'écrivait en 1834. Oui, il y a plus d'un demi-siècle que l'illustre écrivain avait compris sa mission de penseur, et déjà il élevait la voix pour dire que la société, qui punit les crimes, devrait surtout s'occuper de les prévenir ! »

Ainsi, l'appel de Victor Hugo semble avoir finalement été compris et diffusé, même si l'on ne va pas encore jusqu'à reprendre sa demande d'abolition de la peine de mort. Celle-ci ne surviendra qu'un siècle plus tard, en 1981.

LES THÈMES PRINCIPAUX

Roman au registre polémique et porteur d'un message social, *Claude Gueux* a pour thème principal les conditions de vie dans les prisons au XIXe siècle. Il dénonce l'écart entre le crime et le châtiment et, surtout, le recours à la peine de mort. Victor Hugo livre un véritable plaidoyer contre le fonctionnement de la société, qu'il adresse à ses gouvernants.

Claude Gueux s'articule autour de la lutte entre deux personnalités opposées : Claude et le directeur M.D. Tous deux sont des figures d'autorité, naturelle pour Claude et officielle pour M.D. On assiste à la lutte entre l'obstination bornée de l'un et la ténacité de l'autre. Pour mieux faire passer son propos, Victor Hugo force le trait et a recours à des personnages manichéens : Claude Gueux est un homme exemplaire, honnête et doté d'un sens moral fort. Il montre un charisme et un sens de l'éloquence peu communs. Tout est fait pour provoquer la sympathie et la compassion du lecteur envers lui. À l'inverse, les agissements du directeur ne peuvent susciter que de l'indignation. Il est décrit de manière entièrement négative, son caractère obstiné est vu comme un grave défaut et il est perçu comme étant cruel, sadique. Il est décrit comme « un méchant homme qui jouit de tourmenter ». Il n'est « pas méchant, mauvais ». Son comportement à l'égard de Claude Gueux est assimilé à de la torture. Face au caractère raisonnable de Claude Gueux, le directeur est celui qui se laisse dominer par sa haine et sa jalousie. Si Claude Gueux, le représentant du peuple, est magnifié, le directeur, représentant des institutions de la société, est décrit comme un être détestable. Il est la représentation parfaite de tout ce qui ne fonctionne pas dans la société qui, comme elle, se borne à réitérer les mêmes erreurs sans se soucier des conséquences.

Claude Gueux est un personnage de héros, caractérisé par sa droiture et ses nombreuses qualités. Il n'est jamais fait mention de ses défauts, car rien ne doit pouvoir être utilisé contre lui. Claude Gueux a pour rôle de faire passer le message engagé de l'auteur. Victor Hugo insiste plusieurs fois sur les vertus de son personnage : « Cet homme, certes, était bien né, bien organisé, bien doué. » « Cet homme qui ne savait pas lire, était doux, poli, choisi comme un lettré ; puis, par moment encore, modeste, mesuré, attentif. » Même sa décision de tuer M.D est montrée de manière à ce que le lecteur la comprenne, voir l'accepte. Après avoir longtemps délibéré en lui-même, Claude Gueux annonce sa décision à ses codétenus et expose ses arguments pour prouver qu'il entend commettre un acte juste, et non pas se laisser aller à la vengeance personnelle. Hugo compare cette prise de décision à celle qui serait faite dans une cour de justice : « Cette étrange cour de cassation ratifia la sentence qu'il avait portée. » La relation entre Claude Gueux et Albin est elle aussi présentée de manière exemplaire. C'est une amitié filiale que décrit l'auteur, qui a rendu son Albin plus jeune qu'il ne l'était dans la réalité, pour accentuer l'innocence du personnage et la pureté de sa relation avec Claude Gueux. Victor Hugo tient à faire passer son personnage comme admirable et digne d'être soutenu, défendu contre les institutions de la justice. Jamais les décisions de Claude Gueux ne seront vues sous un jour négatif, en dépit du fait qu'il ait commis un meurtre violent.

Le récit de *Claude Gueux* est sous-tendu en permanence par un thème religieux. En effet, une analogie semble s'établir entre le personnage de Claude et le Christ. Victor Hugo semble reprendre en filigrane le texte des *Évangiles*, dont il recommande d'ailleurs la lecture à la fin de son récit. Le parcours de Claude et sa descente aux enfers font penser au chemin de croix. Bien qu'innocent, Claude est soumis à la torture imposée par M.D. qu'il endurera de longues semaines. La scène où Claude Gueux procède au partage de ses possessions entre les prisonniers rappelle le partage du Christ dans la Passion : « Il mit sur une table tout ce qu'il possédait en linge et en vêtements, la pauvre dépouille du prisonnier, et, appelant l'un après l'autre ceux de ses compagnons qu'il aimait le plus après Albin, il leur distribua tout. » Alors qu'il avance vers l'échafaud, Claude Gueux garde les yeux fixés sur la croix que porte le prêtre au cou. Il embrasse le bourreau et le pardonne à l'avance, puis il lui remet une pièce « pour les pauvres », dernier acte de générosité christique. Le déclencheur de la destinée de Claude Gueux est le partage du pain qui s'effectue entre le personnage et son ami Albin. La générosité entre détenus rappelle la phrase biblique : « Aimez-vous les uns les autres », et le geste d'Albin la prière du « Notre Père » : « Donnez-nous notre pain quotidien. »

Dans la dernière partie du roman, Victor Hugo prend la parole directement pour délivrer lui-même la morale de l'histoire qu'il vient de raconter. Dans ce texte proche du pamphlet qui fut, en réalité, écrit en amont du récit de *Claude Gueux*, l'auteur s'adresse aux dirigeants du pays et réclame une réforme de la société. Il demande notamment à ce qu'on traite les racines du mal plutôt qu'uniquement ses conséquences. Il insiste sur les questions à se poser : « Pourquoi cet homme a-t-il volé ? Pourquoi cet homme a-t-il tué ? » Il demande une refonte de la notion de circonstances atténuantes, en y incluant la provocation morale, que la loi ne prend pas en compte. Hugo intente un procès aux institutions judiciaires et les accuse d'être les vraies responsables des crimes commis par des gens comme Claude Gueux : « Lequel des deux était la victime de l'autre ? » D'assassin, Claude Gueux devient victime, un martyr, même, créé par la société dans laquelle il a vécu et qui l'a poussé dans ses derniers retranchements à force de mauvais traitements. Victor Hugo condamne la peine de mort, car elle est le symbole brutal des dysfonctionnements d'une société qui, plutôt que de prêter l'oreille à la détresse du peuple, ne sait que punir et réprimer. Une société inhumaine, sans âme, injuste et qui pousse les hommes au crime.

La solution invoquée par Hugo est celle de l'éducation. Pour lui, elle est la seule chose capable de faire sortir le peuple de la misère et du désespoir. Le thème de l'éducation est très présent dans le récit de Claude Gueux : au moment où il emprunte la hache qui lui servira à commettre son crime, Claude suggère à un garçon de seize ans d'apprendre à lire. Il conserve aussi dans sa cellule un « volume dépareillé de l'Émile » qu'il tient de sa femme. Ce roman de Rousseau a pour sous-titre : « de l'éducation. » Le plaidoyer de Hugo se termine sur cette phrase : « Cette tête de l'homme du peuple, cultivez-la, défrichez-la, arrosez-la, fécondez-la, moralisez-la, utilisez-la ; vous n'aurez pas besoin de la couper. »

Si Victor Hugo semble défendre les intérêts du petit peuple, en 1834, c'est encore le Hugo monarchiste qui s'exprime. Dans ce discours, il exprime sa conviction que le peuple d'ouvriers et de travailleurs pauvres ne pourra accéder aux conditions des classes supérieures. Ils sont condamnés au labeur difficile et au malheur : « Examinez cette balance : toutes les jouissances dans le plateau du riche, toutes les misères dans le plateau du pauvre. Les deux parts ne sont-elles pas inégales ? […] Et maintenant dans le lot du pauvre, dans le plateau des misères, jetez la certitude d'un avenir céleste, jetez l'aspiration au bonheur éternel, jetez le Paradis, contrepoids magnifique ! Vous rétablissez l'équilibre. » Ainsi, la religion est vue comme un moyen de rendre le peuple plus apaisé et satisfait de sa condition, grâce à l'espoir. « Donnez au peuple qui travaille et qui souffre, donnez au peuple, pour qui ce monde-ci est mauvais, la croyance à un meilleur monde fait pour lui. Il sera tranquille, il sera patient. La patience est faite d'espérance. » L'auteur montre aussi sa vision du peuple uniquement comme des outils, utiles à la société : « Cette tête est pleine de germes utiles ; employez pour la faire mûrir et venir à bien ce qu'il y a de plus lumineux et de mieux tempéré dans la vertu. Tel a assassiné sur les grandes routes qui, mieux dirigé, eut été le plus excellent serviteur de la cité. »

ÉTUDE DU MOUVEMENT LITTÉRAIRE

Toute sa vie, Victor Hugo fut l'un des représentants et des défenseurs du romantisme. Après avoir contribué à en codifier les spécificités dans ses écrits, il affermit sa place dans la littérature française grâce à sa pièce *Hernani*, devenue symbole de la lutte entre romantiques et classiques, et du triomphe du romantisme.

Apparu à la fin du XVIIIe siècle en Angleterre et en Allemagne, avant de se répandre dans toute l'Europe, le romantisme est un mouvement littéraire qui encourage à centrer le roman sur l'expression des sentiments, sur les états d'âme des personnages principaux : leurs doutes, leurs regrets, leurs souffrances deviennent des thèmes principaux. Le romantisme se veut mélancolique et aborde des réflexions sur des sujets tels que le déchaînement des passions, la spiritualité et la mort. Il se défait des règles établies par la littérature classique et prône un style plus naturel. Le romantisme concerne à la fois le roman, la poésie et le théâtre. En France, on situe l'émergence de ce mouvement entre 1820 et 1850, mais il a influencé la littérature française pendant tout le XIXe siècle. Si le romantisme trouva le succès au théâtre dans les années 1830, à travers le drame, c'est surtout dans le roman qu'il s'exprima avec le plus de force. Le XIXe siècle a consacré ce mouvement en lui donnant ses spécificités et ses règles propres, grâce à l'investissement d'un certain nombre d'auteurs.

Le romantisme apparaît avant tout comme une réaffirmation du sentiment contre la raison. Le mot est utilisé pour la première fois en France par Jean-Jacques Rousseau, dans *Les Rêveries du promeneur solitaire* (1782). Il y décrit les rives du lac de Brenne comme étant « plus sauvages et romantiques que celles du lac de Genève ». C'est en Allemagne que le mouvement romantique trouve ses racines. Entre 1770 et 1780, le mouvement du *Sturm und Drang* (Tempête et Passion) exprime un sentiment de révolte contre la littérature des Lumières, centrée sur la raison et l'ordre des idées. Le *Sturm und Drang*, en opposition, prône l'importance du sentiment et de l'individu. L'art est dès lors perçu comme le lieu de la création débridée, libérée des codes. Le romantisme est aussi une réponse aux bouleversements qui eurent lieu en Europe au XIXe siècle : à travers ce mouvement de libération de la conscience, on exprime son opposition aux régimes autoritaires et l'envie d'une société plus démocratique. En cela, la Révolution française joue un rôle déterminant : la libération du peuple exalte l'esprit romantique tout autant qu'elle met à mal la culture classique, perçue comme plus aristocratique.

En France, le mouvement romantique s'amorce avec la publication des *Méditations poétiques* de Lamartine, en 1820. Une émergence plus tardive que dans les autres pays d'Europe, qui s'explique par la relation d'opposition du romantisme au mouvement classique. Or, la littérature classique domine la culture française depuis la Renaissance, et cet enracinement profond ne facilitera pas la tâche des romantiques. Ceux-ci devront livrer bataille pour s'affirmer comme un mouvement littéraire à part entière. Les bouleversements politiques du XIXe siècle, avec la fondation de la Ire République puis le coup d'État de Napoléon III, renforcent l'élan romantique, qui se fait porte-parole de l'homme en tant qu'individu complexe, imparfait et dominé par ses sentiments. La société en pleine évolution semble appeler, du même coup, une révolution esthétique. Le déferlement révolutionnaire semble nécessiter une nouvelle peinture de l'homme, loin du héros classique parfait et lisse dominé par la raison. L'individu est désormais caractérisé par ses faiblesses autant que par ses forces, son esprit reflétant le chaos de la société moderne.

Le thème principal traité par le romantisme, celui qu'il revendique et fait sien, est celui du sentiment. Le *moi* est placé au centre de l'intérêt et le roman se fait subjectif. En opposition aux classiques, les romantiques cherchent l'expression du réel, le portrait de l'individu tel que la société l'a formé. Cette spécificité supplante la recherche du beau idéal. Une fois encore, cette évolution des pensées peut s'expliquer par les crises révolutionnaires qui ont suscité chez le peuple une nouvelle conscience de soi, ainsi qu'une période de questionnements au sujet de sa place dans le monde. Le héros romantique montre alors un rapport complexe au monde et à la société, et le roman reflète ce sentiment de déséquilibre et de révolte. Le personnage romantique n'est pas destiné à servir de modèle à imiter, comme l'était le héros classique, il est le reflet de l'individu tel qu'il est. Généralement victime d'un destin malheureux, il est en proie à ses passions, en lutte contre lui-même ou contre la société qui l'entoure. Le romantisme se veut avant tout un « roman de l'âme ».

Le sentiment est aussi sentiment amoureux. Manifestation des passions par excellence, l'amour est opposé à la raison, il est souvent au cœur des intrigues des romantiques. La résolution de ce sentiment est souvent complexe, quasiment inatteignable. Souvent malheureux, l'amour plonge le héros dans la mélancolie, la peine et le repli sur soi. Le romantisme fait une place importante à la nature, source de réconfort et dont il fait souvent l'éloge par des descriptions longues et imagées. La nature est vue comme la manifestation du divin et de l'immensité. Lieu de repos et de méditations, elle est perçue comme un remède aux maux de la société. Ce goût de la contemplation et du détachement induit un attrait pour l'exotisme et l'évasion. Les auteurs romantiques, tels Nerval ou Lamartine, explorent les mystères de l'Orient ou de territoires étrangers, de même que ceux du passé moyenâgeux.

Les auteurs cherchent un éloignement de la civilisation, un retour aux sources, tout autant que l'étrangeté des coutumes propre à stimuler leur imaginaire.

L'apparition du romantisme en France fut compliquée par les convictions politiques souvent opposées de ses auteurs. En effet, alors qu'ils doivent déjà faire face à la rivalité des classiques, unis autour de l'Académie française, les auteurs romantiques sont aussi divisés entre eux, certains prônant des idées conservatrices alors que d'autres sont plus libéraux. Ce clivage prend fin lorsque les chefs de file du romantisme, parmi lesquels Hugo, Lamartine, Musset ou encore Alfred de Vigny, décident de s'allier pour répondre aux classiques. Ces auteurs publieront une série de manifestes qui fixeront peu à peu les aspirations des romantiques. L'initiative porte ses fruits en 1830 avec le triomphe de *Hernani* au théâtre, qui offre au romantisme ses lettres de noblesse.

L'écrivain romantique fait souvent corps avec son héros, en cela qu'il se décrit comme malheureux et solitaire, comme Gérard de Nerval dans ses poèmes. Pour les romantiques, l'écriture fait office de thérapie, elle est un moyen d'expression, personnel et salvateur, tout autant qu'un outil de réflexion sur ce qui les entoure.

L'année 1830 marque aussi les premiers troubles politiques, avec la chute de la seconde Restauration. Les auteurs romantiques affichent l'expression d'une inquiétude commune, et cette société en crise les pousse à s'intéresser au milieu social dans lequel ils vivent. Les auteurs romantiques développent alors une nouvelle vocation et affirment leur engagement politique et social. Dans *Des destinées de la poésie* (1834), Lamartine défend une poésie « qui doit suivre la pente des institutions de la presse ; qui doit se faire peuple, et devenir populaire comme la religion, la raison et la philosophie ». De la même manière, Hugo plaide pour une littérature à la mission à la fois nationale, sociale et humaine. En 1842, George Sand évoque une poésie « prolétarienne ». Les auteurs romantiques, ancrés dans leur temps, sont aussi auteurs engagés prompts à dénoncer et à s'investir directement dans la société.

DANS LA MÊME COLLECTION
(par ordre alphabétique)

- **Anonyme**, *La Farce de Maître Pathelin*
- **Anouilh**, *Antigone*
- **Aragon**, *Aurélien*
- **Aragon**, *Le Paysan de Paris*
- **Austen**, *Raison et Sentiments*
- **Balzac**, *Illusions perdues*
- **Balzac**, *La Cousine Bette*
- **Balzac**, *La Femme de trente ans*
- **Balzac**, *Le Colonel Chabert*
- **Balzac**, *Le Lys dans la vallée*
- **Barbey d'Aurevilly**, *L'Ensorcelée*
- **Barbey d'Aurevilly**, *Les Diaboliques*
- **Bataille**, *Ma mère*
- **Baudelaire**, *Les Fleurs du Mal*
- **Baudelaire**, *Petits poèmes en prose*
- **Beaumarchais**, *Le Barbier de Séville*
- **Beaumarchais**, *Le Mariage de Figaro*
- **Beauvoir**, *Mémoires d'une jeune fille rangée*
- **Beckett**, *En attendant Godot*
- **Beckett**, *Fin de partie*
- **Brecht**, *La Noce*
- **Brecht**, *La Résistible ascension d'Arturo Ui*
- **Brecht**, *Mère Courage et ses enfants*
- **Breton**, *Nadja*
- **Brontë**, *Jane Eyre*
- **Camus**, *L'Étranger*
- **Carroll**, *Alice au pays des merveilles*
- **Céline**, *Mort à crédit*

- **Céline**, *Voyage au bout de la nuit*
- **Chateaubriand**, *Atala*
- **Chateaubriand**, *René*
- **Chrétien de Troyes**, *Perceval*
- **Cocteau**, *La Machine infernale*
- **Cocteau**, *Les Enfants terribles*
- **Colette**, *Le Blé en herbe*
- **Corneille**, *Le Cid*
- **Crébillon fils**, *Les Égarements du cœur et de l'esprit*
- **Defoe**, *Robinson Crusoé*
- **Dickens**, *Oliver Twist*
- **Du Bellay**, *Les Regrets*
- **Dumas**, *Henri III et sa cour*
- **Duras**, *L'Amant*
- **Duras**, *La Pluie d'été*
- **Duras**, *Un barrage contre le Pacifique*
- **Flaubert**, *Bouvard et Pécuchet*
- **Flaubert**, *L'Éducation sentimentale*
- **Flaubert**, *Madame Bovary*
- **Flaubert**, *Salammbô*
- **Gary**, *La Vie devant soi*
- **Giraudoux**, *Électre*
- **Giraudoux**, *La Guerre de Troie n'aura pas lieu*
- **Gogol**, *Le Mariage*
- **Homère**, *L'Odyssée*
- **Hugo**, *Hernani*
- **Hugo**, *Les Châtiments*
- **Hugo**, *Les Contemplations*
- **Hugo**, *Les Misérables*
- **Hugo**, *Notre-Dame de Paris*
- **Hugo**, *Ruy Blas*
- **Huxley**, *Le Meilleur des mondes*
- **Jaccottet**, *À la lumière d'hiver*

- **James**, *Une vie à Londres*
- **Jarry**, *Ubu roi*
- **Kafka**, *La Métamorphose*
- **Kerouac**, *Sur la route*
- **Kessel**, *Le Lion*
- **La Fayette**, *La Princesse de Clèves*
- **Le Clézio**, *Mondo et autres histoires*
- **Levi**, *Si c'est un homme*
- **London**, *Croc-Blanc*
- **London**, *L'Appel de la forêt*
- **Maupassant**, *Boule de suif*
- **Maupassant**, *Le Horla*
- **Maupassant**, *Une vie*
- **Molière**, *Amphitryon*
- **Molière**, *Dom Juan*
- **Molière**, *L'Avare*
- **Molière**, *Le Malade imaginaire*
- **Molière**, *Le Tartuffe*
- **Molière**, *Les Fourberies de Scapin*
- **Musset**, *Les Caprices de Marianne*
- **Musset**, *Lorenzaccio*
- **Musset**, *On ne badine pas avec l'amour*
- **Perec**, *La Disparition*
- **Perec**, *Les Choses*
- **Perrault**, *Contes*
- **Prévert**, *Paroles*
- **Prévost**, *Manon Lescaut*
- **Proust**, *À l'ombre des jeunes filles en fleurs*
- **Proust**, *Albertine disparue*
- **Proust**, *Du côté de chez Swann*
- **Proust**, *Le Côté de Guermantes*
- **Proust**, *Le Temps retrouvé*
- **Proust**, *Sodome et Gomorrhe*

- **Proust**, *Un amour de Swann*
- **Queneau**, *Exercices de style*
- **Quignard**, *Tous les matins du monde*
- **Rabelais**, *Gargantua*
- **Rabelais**, *Pantagruel*
- **Racine**, *Andromaque*
- **Racine**, *Bérénice*
- **Racine**, *Britannicus*
- **Racine**, *Phèdre*
- **Renard**, *Poil de carotte*
- **Rimbaud**, *Une saison en enfer*
- **Sagan**, *Bonjour tristesse*
- **Saint-Exupéry**, *Le Petit Prince*
- **Sarraute**, *Enfance*
- **Sarraute**, *Tropismes*
- **Sartre**, *Huis clos*
- **Sartre**, *La Nausée*
- **Senghor**, *La Belle histoire de Leuk-le-lièvre*
- **Shakespeare**, *Roméo et Juliette*
- **Steinbeck**, *Les Raisins de la colère*
- **Stendhal**, *La Chartreuse de Parme*
- **Stendhal**, *Le Rouge et le Noir*
- **Verlaine**, *Romances sans paroles*
- **Verne**, *Une ville flottante*
- **Verne**, *Voyage au centre de la Terre*
- **Vian**, *J'irai cracher sur vos tombes*
- **Vian**, *L'Arrache-cœur*
- **Vian**, *L'Écume des jours*
- **Voltaire**, *Candide*
- **Voltaire**, *Micromégas*
- **Zola**, *Au Bonheur des Dames*
- **Zola**, *Germinal*
- **Zola**, *L'Argent*

- **Zola**, *L'Assommoir*
- **Zola**, *La Bête humaine*
- **Zola**, *Nana*
- **Zola**, *Pot-Bouille*

Lightning Source UK Ltd.
Milton Keynes UK
UKHW041037091221
395376UK00003B/604